(Desmagny).

Pétition.

PÉTITION
D'UN CITOYEN,
A L'ASSEMBLÉE NATIONALE,

Pour la formation de la tutèle & de la curatelle publique.

Gratum est, quod patriæ civem, populoque dedisti,
Si facis, ut patriæ sit idoneus, utilis agris.

JUVENAL, *Sat.* XIV.

PAR *M. D...... ci-devant Avocat & Agent des Affaires contentieuses de l'Hôpital-Général de Paris.*

A PARIS,

De l'Imprimerie de SEGUY-THIBOUST, Imprimeur de l'Hôpital-Général, place Cambrai.

1791.

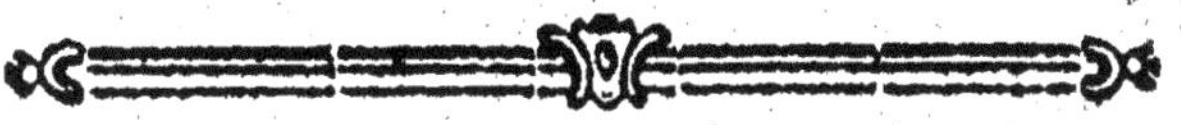

PETITION D'UN CITOYEN, A L'ASSEMBLÉE NATIONALE,

Pour la formation de la tutelle & de la curatelle publique.

LES LOIS les plus ſages ſans-doute, ſont celles qui ſe ſont propoſées d'accorder à l'exiſtence & à la conſervation de tous les êtres qui compoſent la ſociété une égale protection. C'eſt ſervir l'humanité que d'agrandir les moyens d'exécution de ces lois, & d'en étendre les avantages ſur la nombreuſe claſſe des infortunés qui paroiſſent avoir principalement droit à leurs bienfaits.

Le déſir d'arriver à ce but, a fait naître l'idée de former dans chaque Département, & ſous l'autorité des Directoires, une adminiſtration de la tutelle & de la curatelle publique. Son objet ſeroit ſpécialement de deffendre la perſonne & les biens des mineurs & des inſenſés, admis dans les Hôpitaux, ou ſecourus de quelque maniere que ce ſoit, avec les fonds de l'Etat.

Ce projet ſuppoſe :

1°. Que les ſecours à fournir à l'indigence, ſeront uniformément établis dans toute l'étendue de la France.

2°. Que les divers Départemens obſerveront de deſtiner dans leurs Hôpitaux, un local ſéparé pour y traiter & ſoigner les perſonnes attaquées de démence, qu'il ne ſera pas poſſible de laiſſer dans la ſociété.

3°. Que ces aziles ſeront également ouverts aux enfans abandonnés & dénués de tous autres moyens de ſubſiſtance.

Enfin qu'une partie de ces enfants ſeront placés dans les campagnes, pour s'y former au travail, en payant pour eux, & juſqu'à l'âge de 15 à 16 ans, aux perſonnes qui voudront s'en charger, une modique penſion.

On ne peut s'empêcher de remarquer ici que cette forme d'élever la jeuneſſe, eſt celle de toutes qui paroît lui être la plus favorable. Il eſt fâcheux que juſqu'à préſent, on n'ait pu l'employer que pour les enfants dont les parents n'étoient pas connus. Peut-être en adoptant le plan tracé par ce projet, parviendroit-on à étendre généralement cette utile inſtitution, ſans qu'il en réſultat aucun inconvénient.

Il exiſte encore d'autres moyens de venir au

ſecours des infortunés : mais on ne s'eſt propoſé de parler ici que de ceux relatifs à la tutelle & à la curatelle publique qui ſont l'objet de ce mémoire.

Cependant ſans entrer à cet égard dans des détails particuliers, il eſt néceſſaire d'obſerver que la plupart des établiſſemens charitables répandus dans les Provinces, ſont inſuffiſants pour leurs beſoins, & qu'ils ne pourvoyent que très-imparfaitement aux maux qu'ils devroient être deſtinés à ſoulager.

Pluſieurs cantons ſe trouvent favoriſés de fondations particulieres, lorſque d'autres ſouvent plus peuplés, en ſont entièrement dépourvus.

La majeure partie des grandes villes manquent encore d'un Hôpital-Général, & celui de Paris devenu comme le rendez-vous commun des pauvres qui ne trouvent point d'azile, a de tout tems ſuppléé aux ſecours qui n'exiſtoient pas dans les autres parties du Royaume.

Mais ce vaſte établiſſement, toujours chargé de la nourriture & de l'entretien d'àpeu-près 15000, pauvres, & d'un pareil nombre d'enfants-trouvés, ſuccombe aujourd'hui ſous le poids qui l'accable. Les grands moyens qui ſervoient à le ſoutenir ne ſont plus, & ſubitement dépouillé de tous les droits qui conſtituoient ſes revenus, il ſe trouve en ce moment, absolument hors d'état de suffire aux dépenses attachées à son immense destination. Comme le Département de cette ville, grevé d'ailleurs d'une multitude d'autres charges, est dans l'impossibilité d'entretenir sur le même pied les Hôpitaux de son ressort, il en résulte qu'il faut promptement monter dans les provinces les établissemens qui doivent les soulager. C'est ce que réclament fortement la justice, l'ordre public & la voix de l'humanité.

Ainsi les circonstances ne permettant pas de douter que l'Assemblée Nationale ne s'occupe incessamment de cette partie importante, on a cru devoir mettre sous ses yeux les avantages de la tutele & de la curatelle publique, qui doivent faire partie de cette nouvelle organisation.

Il est peu d'objets plus intéressants pour la nation que celui de s'occuper de l'existence & de l'éducation d'environ 40000 enfans infortunés dont elle est habituellement chargée. Si l'on s'attache à considérer ce que la bienfaisance publique est dans l'usage de faire pour eux depuis l'instant où elle les reçoit pour les élever jusqu'à celui où elle les rend à la société pour être comptés au nombre de ses membres, combien la raison n'y verra-t-elle pas de choses à changer & à perfectionner. Mais de quel sentiment douloureux ne demeurera-t-on pas pénétré en jettant les yeux sur les personnes que l'égarement de leur esprit a forcé de renfermer dans les Hôpitaux. Combien de souffrances ne paroissent pas ajoutées à leur situation par l'oubli & par l'abandon auxquels elles sont livrées. Il est cependant des soins compatissans faits pour adoucir les maux de leur état, & qui semblent ne pouvoir leur être refusés ; dût-il en résulter quelque augmentation de dépense, l'homme ne retrouve-t-il pas toujours avec usure le bien qu'il fait à ses semblables ?

Dans ce moment où l'Assemblée Nationale appelle les lumieres de tous les Citoyens pour opérer des réformes utiles, chacun lui doit le tribut de ce que les circonstances ont pu lui faire connoître en améliorations de cette nature, & d'ailleurs celui-là seul auroit le droit de rester indifférent aux malheurs qu'il s'agit de soulager, qui pourroit se dire avec certitude, « ma famille n'é-» prouvera pas les variations de la fortune, & mes » enfans n'auront jamais besoin des secours pu-» blics. Ma raison, supérieure à tous les événe-» ments, sera toujours à l'abri des foiblesses & » des égarements auxquels l'humanité est assu-» jettie ».

Jusqu'ici le Gouvernement a paru veiller davantage à la conservation momentanée de la personne des mineurs & orphelins, qu'à leur état civil

& à la formation future de leurs établissemens ; rien ne paroît cependant plus digne de la sagesse des législateurs que de veiller sur leur sort, même au-delà du terme où les Hôpitaux sont dans l'usage de pourvoir à leur existence ; car ce n'est qu'à partir de cette époque qu'ils deviennent les hommes de la société pour laquelle ils ont été élevés.

Il est certain qu'alors ceux d'entr'eux auxquels on a conservé qnelques ressources pécuniaires, & qui joignent à cet avantage l'exercice d'un métier qui leur a été enseigné, se trouvent dans une position bien plus favorable que ceux qui sont réduits à vivre uniquement de leur travail. Les premiers peuvent former des établissemens qui les mettent à portée d'élever des familles, & de supporter, comme citoyens, les contributions de l'état, lorsque les seconds, souvent errans & vagabonds, restent le plus ordinairement à la charge de la Société, s'ils ne se livrent pas à d'autres moyens de lui devenir nuisibles.

Il y a donc un très-grand avantage pour l'administration publique de se saisir de la tutelle des mineurs qui sont abandonnés à ses soins ; car l'expérience n'a point cessé d'apprendre que les tuteurs particuliers donnés à ces enfans, étant choisis parmi leurs parens, c'est-à-dire, souvent dans la claſſe la plus commune & la plus indigente, ne tardent pas à conſommer les foibles dépots qui leur ont été confiés, ſurtout en l'abſence de leurs pupiles. Ils ignorent également les moyens de défendre leurs intérêts dans les conteſtations auxquelles ils ſont expoſés, enſorte que ces enfans, à leur majorité, ſe trouvent le plus généralement privés des modiques objets qu'ils auroient eu à prétendre, & n'ont contre ces tuteurs, devenus inſolvables, aucun recours à exercer.

Les vices attachés à la curatelle particuliere des inſenſés ne ſont pas moins graves; mais avant d'entrer à ce ſujet dans quelques détails, il eſt bon de faire connoître la cauſe des inconvéniens qu'éprouvent aujourd'hui la tutele & la curatelle exercées par les différens Corps adminiſtratifs des Hôpitaux à qui le droit en eſt déféré.

L'Hôpital-Général de Paris, celui des Enfans-Trouvés & tous ceux généralement qui, dans cette Capitale, ſervent à l'éducation des enfans, ou à renfermer les inſenſés, n'ont aucune loi préciſe qui détermine leurs pouvoirs ſur l'article des tuteles & curatelles; delà une multitude de contradictions, d'embarras & d'inconſéquences qui ſouvent produiſent les effets les plus funeſtes.

Les adminiſtrateurs des Hôpitaux, par exemple, étoient dans l'usage de consentir aux mariages des Mineurs dont ils étoient chargés, & cependant ils n'avoient réellement aucun titre reconnu pour sanctionner cet acte si important à l'ordre public, & à l'état des personnes dans la Société.

Le droit naturel, il est vrai, semble autoriser ceux qui prennent soin de l'existence d'un enfant abandonné, à veiller également à ce qui peut intéresser son bonheur & sa fortune; car ces actes ne sont qu'accessoires à la conservation de sa personne: mais en France où toutes les tutelles sont datives, même celles des pere & mere, comment les administrateurs peuvent-ils en exercer les fonctions, sans qu'il leur en ait été accordé aucune faculté précise?

Que pourroit-on répondre à des peres & meres ou à des tuteurs donnés par la loi, qui ne s'étant pas d'abord fait connoître, viendroient à reclamer contre des mariages consentis sans plus de légalité?

La jurisprudence des tribunaux semble encore multiplier ces embarras, & rendre plus que problématique la validité de ces tutelles & curatelles.

Au Châtelet, par exemple, quoique les Mineurs ou insensés fussent dans les Hôpitaux, on étoit dans l'usage de leur nommer d'autres tuteurs ou curateurs que les administrateurs; on leur en donnoit même d'étrangers qui n'avoient souvent ni état ni ressource, & lorsque l'administration y reclamoit ses droits, ce tribunal manquoit rarement de confirmer sa premiere nomination.

Le Parlement au contraire ne cessoit jamais de reconnoître la tutele des administrateurs, & d'annuller toutes celles déférées par le Châtelet au préjudice de l'administration des Hôpitaux, toutes les fois qu'elles y étoient attaquées ; mais comme il n'existoit pas de loi précise, ce n'étoit jamais qu'après l'instruction d'un procès en règle dont les frais retomboient toujours sur le Mineur, parce que le premier tuteur dont l'arrêt abrogeoit les droits, étoit toujours fondé à dire : « J'ai dû soutenir l'exécution de la sentence d'un tribunal qui m'a nommé tuteur d'après les loix formelles & reconnues dans le Royaume. Je pouvois ignorer votre droit, car vous n'aviez aucune loi écrite que je fusse à portée de consulter »

La nouvelle organisation des tribunaux rendroit encore aujourd'hui ces contradictions de jurisprudence bien plus frappantes & bien plus multipliées. En effet les jugemens opposés y seroient également fondés en raison, & tel arrondissement penseroit devoir adopter des principes, qu'un autre se croiroit forcé de rejetter. Ainsi l'uniformité d'une loi ſur cette matiere eſt abſolument rendue indiſpenſable par les circonſtances.

Mais continuons à examiner les divers inconvéniens qui ſe rencontrent dans l'exercice actuel de la tutele & de la curatelle des Mineurs & inſenſés.

Ce n'eſt point aſſez que les ſuites des procès auxquels ils ſont expoſés, ſoient auſſi funeſtes à leurs intérêts. Il arrive ſouvent que pendant le cours des conteſtations, les tuteurs étrangers conſomment leur bien, ou l'emportent en les laiſſant ſans reſſource, pour en exercer la répétition.

Enfin les notaires & autres officiers publics règlent tous les jours une multitude d'affaires dans leſquelles des Mineurs des Hôpitaux ſont intéreſſés. Les adminiſtrateurs n'en ſont que très-rarement prévenus, & les tuteurs particuliers ſont admis à s'y charger des biens qui peuvent revenir à des pupiles dont les ſoins, l'éducation & l'entretien ont ceſſé de les regarder.

Cet uſage ou plutôt cette facheuſe tolérance a ſouvent produit les effets les plus funeſtes. Combien d'enfans oubliés & perdus dans la foule de ceux des Hôpitaux, n'ont jamais eu connoiſſance des avantages qui leur appartenoient dans le ſein de leur famille : combien d'autres n'ont été à portée de les reclamer, que lorſqu'il n'étoit plus tems d'y prétendre, ou qu'il ne leur restoit plus à exercer que de vains recours contre des débiteurs frauduleux & insolvables.

Un Mineur placé dans les établissemens charitables est un être d'autant plus à plaindre, qu'il est pour ainsi-dire isolé dans la nature ; il ne recueille point ces affections tendres & ces soins compatissans dont l'enfance est ordinairement environnée ; souvent victime des fautes qu'il n'a pas commises, il est soumis à tout ce qui l'entoure, & pendant la durée de cet état il n'a que son impuissance à opposer à l'empire & aux rigueurs de la nécessité. C'est donc à la loi à veiller autour de lui, à adoucir tous les momens de son existence, & à préparer son sort à venir par les moyens de justice & d'autorité qui sont en son pouvoir.

Les mêmes motifs d'humanité s'élevent en faveur des insensés & gens en démence que renferment les Hôpitaux. Le même oubli de la loi sur l'article de leur curatelle les expose à des inconvéniens également facheux.

Parmi la multitude d'exemples qu'on en pourroit citer, il en est un récent qui fera mieux sentir encore la nécessité de faire changer ces perpétuelles contradictions.

Une infortunée est entrée nouvellement comme insensée aux Loges de la Salpêtriere. Elle possédoit quelques rentes, & pour les toucher en son nom, un particulier a provoqué son interdiction & la nomination d'un curateur. Le Magistrat conséquemment a été requis de descendre dans l'Hôpital, pour constater la démence.

Par sa sentence, il est vrai, M. le Lieutenant civil au lieu de choisir pour curateur la personne qui avoit provoqué l'interdiction, a cru devoir nommer un receveur de l'Hôpital; mais les frais de cette interdiction n'en ont pas moins coûté plus de 600 liv. à prelever sur les modiques revenus de cette infortunée, & si le Châtelet eut reconnu la curatelle des administrateurs en vertu d'une loi précise qui la leur eût déférée, cette procédure n'auroit point eu lieu, & cette femme ne verroit pas quelques années de son revenu, dont elle a le plus grand besoin, employées à un procès fort inutile.

En effet l'administration de l'Hôpital-Général qui depuis a été informée de ses droits, défend en ce moment ses intérêts comme sa curatrice née, & en vertu de son droit habituel, n'ayant d'ailleurs aucun égard ni à la procédure, ni à la sentence qui a ordonné l'interdiction.

Il en est encore résulté un autre avantage pour cette infortunée; c'est qu'il a été reconnu qu'elle n'étoit pas réellement attaquée de démençe, & qu'une imagination échauffée par quelques contradictions, jointe à d'autres causes naturelles, avoit donné occasion à sa famille d'obtenir sa détention ; on s'est même convaincu qu'au lieu d'exister parmi des femmes insensées, ainsi qu'elle avoit précédemment été placée, elle pouvoit, en payant pension, jouir d'une chambre seule dans la maison, de la liberté de sortir accompagnée, & d'un traitement de nourriture beaucoup plus avantageux que celui qu'elle avoit reçu de l'officiere de l'emploi, à laquelle les parens de cette femme se fussent toujours contentés de payer une légere rétribution, en ne la faisant pas profiter du surplus de ses revenus.

Ces faits donnent encore lieu à une réflexion : c'est qu'il ne devroit être admis dans les hopitaux aucun insensé ou foible d'esprit qui n'eût paru devant le Juge civil, & dont la maladie ne fût ainsi constatée sans frais & sans aucune suite de procédure. Il faudroit qu'en même tems ce Juge prit connoissance de l'état de ses affaires : qu'il exigeât de ses plus proches parens les éclaircissemens nécessaires sur la situation de sa fortune, & qu'en cas de doute il fut autorisé à requerir le serment, & à prononcer des peines contre les fausses déclarations. Le procès-verbal qu'il en dresseroit, tiendroit lieu de procédures d'interdiction, & l'expédition en seroit ensuite envoyée au bureau de la curatelle publique qui régleroit la pension que peut payer dans les hôpitaux la personne malade, en évaluant cette pension sur l'état de ses facultés.

S'il est en effet nécessaire d'établir dans la société des maisons publiques, pour y recevoir les insensés qui pourroient en troubler l'ordre, il est juste que chaque Département ne se trouve chargé que des personnes dénuées de toutes ressources, & qu'à l'égard de celles qui peuvent contribuer de leurs propres facultés à leur nourritures & en entretien, il y soit pourvu sur les revenus de leurs propriétés. On y trouveroit d'ailleurs des moyens de travailler plus efficacement à leur guérison; car rien ne mérite peut-être une plus sérieuse attention que le sort des personnes détenues pour cause de démence. Ne seroit-il pas du devoir de l'humanité de s'attacher d'abord à connoître parfaitement les causes accidentelles de leur infortune, & la véritable situation de leur esprit, en sorte que les premiers soins devroient être dirigés vers les moyens de remédier à leur maladie en suivant les indications des tems & des circonstances. C'est ce qui se pratique dans les Hôpitaux d'Angleterre, avec bien plus de ſuccès que dans ceux de Paris deſtinés à ce traitement.

On ne peut ſe déguiſer que beaucoup de perſonnes de familles honnêtes & fortunées, ſont abandonnées preſque ſans ſecours dans nos Hôpitaux; ſouvent même elles ſavent que des parents avides qui leur ont été donnés pour curateurs, profitent de leurs biens ou le conſomment avec d'autres perſonnes qui leur ſont quelquefois odieuſes. Auſſi voyons nous que dans leur délire, la plus grande fureur de ces êtres, encore trop ſenſibles, ſe tourne ſouvent contre ceux qui leur étoient les plus proches, & auxquelles elles étoient les plus attachées. Ce ſont eux qu'elles accuſent le plus communément des maux qu'elles éprouvent, & l'on remarque que dans les momens qui précédent ou qui ſuivent leurs accès, elles paroiſſent plongées dans la plus profonde mélancolie, comme ſi ſéparées vivantes de tout commerce humain, elles réfléchiſſoient ſur l'oubli & ſur l'ingratitude de ceux qui leur étoient chers, & qui les banniſſent de leur ſouvenir. Leur maladie s'en accroît, & devient de plus en plus incurable.

La curatelle publique, en entretenant plus de relations avec les familles, offriroit peut être un des moyens les plus sûrs de remédier à ces affreuſes calamités. Au moins préviendroit-elle les ſpéculations de la cupidité & les abus qui peuvent tous les jours en résulter, la Loi ne dût-elle en épargner qu'un seul, l'humanité entiere a droit de la réclamer.

Enfin il n'est que trop vrai que la plupart des parens qui abandonnent des mineurs ou des insensés à la charité publique, croient que leur patrimoine est devenu pour eux une espèce de succession, à la consommation de laquelle ils se font autoriser par des sentences de tuteles ou de curatelles, qu'ils parviennent à obtenir ; & l'on remarque qu'il n'en est presque point parmi eux qui ne deviennent aussi-tôt insolvables.

Si la Loi s'étoit précisément expliquée sur cet article, elle détruiroit la possibilité d'obtenir ces sentences, elle n'auroit qu'à statuer que toutes les affaires dans lesquelles la tutele ou la curatelle publique se trouveront intéressées, seront traitées avec les représentans des Déparremens pour cette partie, à peine de nullité des opérations, & de perte des frais & déboursés pour les Notaires & autres Officiers qui auroient été chargés des actes ou procédures relatives ; ceux-ci pourroient cependant n'être point exposés à ces pertes en constatant par leurs actes qu'ils ont interpellé les parties de leur déclarer si aucune d'elles ne représentoit pas comme tuteurs ou curateurs des personnes pla-

cées

cées ſous la ſauve-garde de la tutele publique.

Ce qui ſert à confirmer la néceſſité de ces précautions, c'eſt qu'à l'égard des mineurs il eſt ſouvent arrivé que les adminiſtrateurs ayant reconnu que des tuteurs malhonnêtes avoient placé dans les Hôpitaux, des enfans qui n'étoient pas ſans fortune; ſur les demandes en redition de compte qu'ils avoient formées, ces tuteurs avoient auſſi-tôt retiré ces enfans, pour n'être pas obligés de leur en remettre les fonds. Ce n'eſt donc que par la publication d'une loi préciſe qu'on pourroit s'oppoſer à des ſpoliations auſſi coupables, & ſoulager les maiſons hoſpitalieres, en empêchant d'y placer des perſonnes qui, par une modique aiſance, pourroient encore être entretenues dans la ſociété. Ces établiſſemens ſont peut-être plus ſurchargés qu'on ne penſe de ces ſortes d'infortunés, & cette Loi offriroit ſeule les moyens de les découvrir & de prévenir leur ruine.

Enfin il pourroit encore en réſulter un avantage; c'eſt que, lorſque des parens ou des tuteurs auſſi indignes ſeroient découverts, les Adminiſtrateurs pourroient, au lieu de ſe voir forcés à leur rendre les enfans qu'ils avoient abandonnés, leur en retirer au contraire les biens, & les remettre enſuite à des tuteurs plus honnêtes qu'ils ſeroient dans le cas de faire élite pour les remplacer.

B

Il existe encore d'autres circonstances extrêmement préjudiciables à la tutele des administrations charitables, & qui le deviendroient également à la tutele publique, si les effets n'en étoient pas prévenus.

On a souvent vu que des successions ou des substitutions, s'étant ouvertes au profit des mineurs admis dans les Hôpitaux, avoient donné lieu d'y défendre leurs intérêts : mais à peine les deniers en étoient-ils recueillis, qu'aussi-tôt on voyoit leurs parents les plus proches, & même les peres ou meres, après avoir obtenu du Châtelet des sentences de tuteles, mendier de tous côtés des certificats pour prouver qu'ils étoient en état de nourrir leurs enfans. Alors ils prétendoient avoir des métiers excellents à leur montrer, ou des occasions uniques pour les placer. Qu'en arrivoit-il ordinairement? On leur rendoit les enfans qu'on ne pouvoit leur refuser, & avec eux les deniers qu'on avoit tâché de leur conserver. Bientôt après ces enfans étoient ramenés dans les Hôpitaux, dépouillés de toutes ressources, & souvent perdus de mœurs, ne rapportant avec eux que la contagion des mauvais exemples qu'ils avoient reçus ; tout ce qu'on rapporte ici est appuyé sur l'expérience & sur des faits dont il seroit facile d'administrer la preuve.

Si l'on veut donc retirer un véritable bien de la tutele publique, il faut absolument détruire la racine de ces abus, il faut que cette tutele prévaille sur toutes les autres. Le seul cas où les enfans devroient être remis à la tutele de leur famille, c'est lorsqu'il seroit constant qu'ils ont des revenus suffisans pour exister sans autres secours, & les Directoires prendroient alors les précautions nécessaires pour s'assurer que ces biens ne seront pas consommés par des Tuteurs insolvables.

Il y a beaucoup de bien à faire dans cette partie, & l'on voit que jusqu'ici on a manqué des moyens nécessaires pour y parvenir.

Mais en perfectionnant la gestion de la tutele publique, il est encore essentiel de réformer tout ce qui pourroit y apporter des obstacles, ou en rendre l'exercice moins favorable. Tel est par exemple, le droit de l'Hôpital du Saint Esprit, de succéder au mobilier des mineurs qui décèdent sous la dépendance de cette maison. Ce droit accordé par Edit de Charles IX du mois de juillet 1566, étoit alors nécessité par des circonstances qui ne subsistent plus; il paroît donc aujourd'hui susceptible d'être annullé ainsi que tous ceux qui sont de la même nature ; car il est peu digne d'établissemens consacrés à la bienfaisance publique, de profiter du patrimoine de l'indigent, & d'en priver des familles à l'existence desquelles il est toujours nécessaire. D'ailleurs l'idée de ces successions mobiliaires a souvent fait mal interprêter les démarches employées par les Administrateurs, pour défendre les intérêts des mineurs ; quelquefois aussi il a donné lieu à ne pas déclarer, au profit de ces mineurs, des sommes qui leur revenoient, & qu'ils étoient ainsi exposés à perdre en totalité.

Le bien général exige le sacrifice de ce droit qui, par lui même, est peu profitable.

Tel est l'état actuel de la tutele & de la curatelle des mineurs & insensés : il est certain qu'il éprouve les mêmes inconvéniens dans tous les grands hôpitaux de cet Empire, & que ce n'est que par la promulgation de loix spéciales & par un régime uniforme qu'il est possible d'y remédier.

Mais existe-t-il quelques traces qui prouvent que jusqu'ici les législateurs se soient occupés de la défense des mineurs réduits à vivre des secours publics. L'histoire nous apprend que cette tutele a été connue des Grecs & des Romains.

Le code de Justinien offre à ce sujet une belle

loi, dont il seroit avantageux d'adopter en France les principales dispositions.

Orphanotrophos, (dit la loi 32 au code liv. 1er. titre 3. de episcopis & clericis) *hujus inclytæ urbis qui quidem pupillorum sunt quasi tutores, adolescentium, quasi curatores, sine ullo fide jussionis gravamine personas & negotia eorum deffendere ac vindicare jubemus.*

Cette loi insiste en ces termes sur l'exception de responsabilité des administrateurs charitables : *tam religiosum officium ita peragere convenit, ut minime ratiociniis tutelaribus seu curationibus obnoxii sint* ; or, non seulement cette exception est de convenance à l'égard de la tutele publique, mais elle est même de principe incontestable.

Il faut en effet poser cette distinction essentielle, entre la garantie due à la chose publique par les particuliers qui sont chargés de l'administrer, & la garantie due par la chose publique aux particuliers qu'elle a bien voulu défendre ; autant le bien général exige, pour l'avantage commun, la responsabilité de ceux qui peuvent le compromettre, autant il est essentiel d'empêcher l'intêt particulier de troubler en aucune façon ce qui appartient à l'intérêt général ; car la bienfaisance publique ne peut jamais être supposée devoir s'écarter du but d'utilité qu'elle s'est volontairement proposée ; d'ailleurs il existe des détails à l'infini dans l'exercice de toutes les tuteles & curatelles qui, si l'on ne les écartoit, ne cesseroient point de multiplier contre les départemens une foule de chicanes interminables : mais si par le fait des fondés de pouvoirs de la tutelle publique, il survenoit quelque tort qui dut personnellement leur être imputé, ce seroit aux départemens à déterminer à ce sujet ce qu'ils croiroient convenable, suivant les faits & les circonstances, toujours d'après le libre mouvement de leur équité ; ainsi la loi ne paroît devoir jamais prononcer la responsabilité contre la tutelle & la curatelle publique, pour raison des pertes auxquelles les mineurs & insensés qu'elle se seroit trouvée dans le cas de défendre, auroient pu être exposés.

La loi Romaine définit ensuite comment doivent être considérés les administrateurs des biens des mineurs, & par quelle raison leur gestion ne doit point être assujettie aux autres formalités ou obligations des tutelles ordinaires.

Grave enim, ajoute-t-elle, *atque iniquum est callidis quorumdam machinationibus eos vexari, qui propter timorem Dei, parentibus atque substantiis destitutos minores, sustentare, atque velut affectione paternâ educare festinant.*

Il est beau de voir à travers l'histoire des siecles, parmi tant d'injustices & de barbaries exercées contre l'humanité, la cause des infortunés quelquefois défendue & protégée par des hommes puissans & par des ames honnêtes & sensibles.

Si nous admirons encore ce qu'ont fait pour l'ordre public les jurisconsultes qui ont élevé l'édifice immense de la législation de ces anciens peuples, à combien plus juste titre serons-nous reconnoissans envers les représentans d'une grande nation, de mêler aux objets importans qui les occupent, des loix dictées par leur sensibilité en faveur des classes les plus malheureuses de la société.

Loin donc de craindre de les rebuter par des détails sur ces objets, c'est rendre justice à leur zele & à leur courage, que de leur offrir quelques observations, fruit d'un long & pénible travail dans cette partie.

La loi continue donc ainsi ses dispositions relatives à la tutelle des aministrateurs : *res eorum eis tradantur aquibus sunt custodiendæ, ut si quasdam earumdem rerum, propter fœnus fortitan, vel aliam urgentem causam, vel eo quod servari non possunt, habitâ estimatione, liceat eis alienationis inire contractum.*

En vertu de cette loi les administrateurs étoient, comme on le voit, les dépositaires de toutes les choses appartenantes aux mineurs, & pouvoient même les aliéner à leur volonté sans frais &

sans autre formalité qu'une estimation préalable.

Notre jurisprudence à cet égard est totalement différente ; elle met à la conservation ou à la vente des biens, meubles ou immeubles dans lesquels les Mineurs des Hôpitaux sont intéressés, les mêmes entraves, les mêmes formes qu'elle impose à tous les tuteurs sans distinction.

Lors donc qu'il leur échéoit quelque succession mobiliaire, les formes établies pour en conserver les avantages, en emportent au contraire la presque totalité. Les frais des scellés, d'inventaire, de vente, ainsi que les droits accessoires absorbent assez généralement la valeur des meubles, s'ils ne passent pas 400 liv.

Comme les Mineurs des Hôpitaux sont rarement à portée de recueillir des successions dont le mobilier soit plus considérable, cette ressource est presque anéantie pour eux, & malheureusement elle compose souvent toute leur fortune & toute leur espérance.

Ne pourroit-on pas, lorsqu'il survient à ces Mineurs des successions de ce genre, laisser de côté ces formes pour eux beaucoup trop onéreuses, & employer sans frais des commissaires demandés au Juge de paix, qui procéderoient aux mêmes opérations de concert avec le fondé de procuration des Corps administratifs chargés de surveiller la tutele publique, & en présence des autres parties intéressées.

Il suffiroit de constater le mobilier existant par un procès-verbal qui porteroit la description des effets; & de les vendre ensuite au plus offrant, mais sans un nouveau procès-verbal. On mettroit seulement en marge du premier acte, le prix moyennant lequel chaque meuble auroit été vendu, & l'article seroit paraphé par le commissaire nommé par le juge de paix, & par le représentant de la tutele publique qui auroit été présent à la vente, & qui en toucheroit le montant sur sa quittance, nonobstant toutes oppositions, sauf ensuite par lui à payer, sans frais, toutes les dettes légitimes dont les successions seroient chargées.

A l'égard des titres & papiers, il en seroit également fait une description sommaire, & le fondé de pouvoir pour l'exercice de la tutele publique seroit toujours autorisé à s'en charger, pour suivre la liquidation des successions, & sans avoir égard à toutes réclamations contraires. Il ne s'agiroit que d'établir sur ces objets, en faveur de la tutele publique, ce qui étoit précédemment pratiqué pour les successions qui intéressoient le domaine du roi, ou les économats. Cela s'entend pour le fonds du droit seulement : car quant à la forme employée pour la jurisdiction du domaine & aux frais énormes qu'elle occasionnoit, ces articles seroient totalement supprimés.

Ces privilèges d'ailleurs ne seroient déférés qu'aux pauvres Mineurs ou insensés confiés à la bienfaisance des Départemens, parce qu'en aucun cas, ces actes n'exposeroient aux inconvéniens qui pourroient peut-être en résulter, s'ils étoient généralement établis dans l'ordre des successions.

Les bureaux de la tutele & de la curatelle publique devroient également être autorisés à requerir entre leurs mains le dépôt des sommes dans lesquelles les Mineurs sont intéressés, parce que la sûreté qu'ils offrent est même plus réelle que celle des officiers publics qu'on en charge ordinairement, & que d'ailleurs il n'en coûteroit point de frais de dépôt ni de consignation, joint à ce que la contribution entre les parties intéressées en seroit toujours beaucoup moins susceptible d'obstacles & de difficultés. On ne pourroit cependant faire emploi de ces sommes, comme on est dans l'usage de le faire, pour les fonds dont les Mineurs ont une propriété distincte & établie.

Les revenus des Mineurs & Insensés doivent être employés à leur profit d'une maniere très-différente.

On ne peut guéres donner aux Mineurs, lorsqu'ils sont encore demeurans dans les Hôpitaux qu'une légere somme, pour se pourvoir de quelques objets d'entretien que la maison ne donne pas, & lorsqu'ils sont en apprentissage, on est souvent forcé de leur en accorder de plus fortes, comme dans les circonstances où ils sont malades, dans les intervalles où ils sortent de chez les maîtres, & où ils ont besoin de s'habiller & de se nourrir.

Il est nécessaire d'observer ici que les soins des Mineurs qui sont parvenus à cet âge, doivent encore intéresser les Départemens.

Quelque soit le parti que l'on prenne à leur sujet, ou de les envoyer travailler dans les campagnes, ou de les mettre en métier dans les villes, il faut toujours que leur conduite soit exactement surveillée, que les détails en soient connus, & que les tuteurs publics que leur donnera la loi, puissent exercer à leur égard les moyens coactifs & les précautions accordées au tribunal de famille. Dès que les administrateurs de cette tutele seront instruits par eux-mêmes, ou en cas d'éloignement seront suffisamment informés de la mauvaise conduite des Mineurs, ils pourront, d'après une délibération motivée sur cet objet, user des moyens de correction indiqués par la loi ; & à cet effet on formeroit dans un Hôpital de chaque Département une espèce de quartier de force dans lequel ils seroient envoyés, & employés à des travaux plus pénibles par forme de punition, & jusqu'au moment où l'on seroit certain qu'ils auroient changé de dispositions.

Ce n'est que par ce moyen qu'on peut espérer de les rendre utiles à la Société.

A l'égard des Insensés & gens en démence, il paroît naturel de les faire jouir de la totalité des revenus qui leur appartiennent, soit en payant pour eux une pension qui les mette au-dessus du traitement ordinaire, soit en leur fournissant les autres secours nécessaires à leur besoin & à leur entretien.

Il est très-important de remarquer ici qu'il seroit absolument nécessaire que l'administration de la tutele publique fût autorisée de droit à placer en viager les capitaux au-dessus de 300 liv. qui pourroient revenir aux personnes en démence confiées à leur curatelle, afin de leur procurer une existence plus douce, & de les soulager d'autant dans leurs malheurs. Mais il seroit aussi essentiel de fixer le taux jusqu'auquel on auroit la faculté de placer en viager sur leur tête.

Une rente de 200 à 250 liv. paroîtroit devoir suffire à leur existence, ensorte que jusqu'à ce taux il seroit permis de placer en viager à leur profit les fonds qui leur reviendroient, & lorsqu'ils jouiroient d'une rente ou pension de cette valeur, leurs fonds seroient alors placés en perpétuel, pour retourner après leur mort à leurs parens & héritiers.

Quant aux immeubles, la prohibition établie par les loix de les aliéner, produit encore des effets très-funestes aux intérêts des Mineurs des Hôpitaux.

La loi que nous avons rapportée, avoit pourvu à cet inconvénient, en donnant aux administrateurs le droit de vendre, même les immeubles, pour l'avantage des Mineurs.

Beaucoup d'auteurs, il est vrai, en s'efforçant de concilier notre jurisprudence avec celle des romains, ont soutenu, que cette loi n'avoit entendu parler que des meubles; mais ils n'ont pas fait réflexion à ces expressions qui ne peuvent s'entendre que de la vente des immeubles. Tels sont ces mots: *habitâ estimatione liceat* (orphanotrophis) *alienationis inire contractum.*

Jamais les romains ne se seroient servis des mots ALIÉNATION & CONTRAT pour une vente de meubles qui se faisoit comme chez nous au plus offrant. Les mots *propter fœnus* annoncent encore une convention hipothécaire qui ne pouvoit avoir des meubles pour objet.

Cette liberté s'étendoit donc sur tous les biens apartenants aux Mineurs ; & elle n'étoit point limitée entre les mains des Administrateurs, puisque la seule cause que le bien leur eût été à charge à conserver, suffisoit pour en permettre l'aliénation.

Il paroît qu'alors les Hôpitaux étoient comme aujourd'hui exposés à renfermer des Mineurs auxquels il revenoit des portions plus ou moins divisées dans des terres ou autres immeubles très-souvent chargés de dettes, & qui auroient exigé des soins trop considérables, joint aux frais multipliés de réparations, de culture, et d'impositions publiques. Enfin la conservation de ces immeubles devenoit d'autant plus à charge, que les Mineurs même n'en auroient pu retirer aucun avantage à leur majorité, soit parceque les terres seroient restées en friche, comme il arrive très-souvent, par la crainte où l'on est dans les campagnes de se charger de biens de Mineurs, soit à cause du dépérissement & de la vétusté des bâtimens: lorsqu'au contraire ces fonds étoient vendus, le montant des sommes qui en provenoient étoit intégralement conservé aux mineurs sans avoir couru aucuns risques, ni causé aucuns frais ou embarras.

Non-seulement cette Loi est applicable à la constitution des Hôpitaux actuels, mais quand même jusqu'ici on n'auroit pas assez réfléchi sur ses motifs pour l'admettre précisément; il n'en résulteroit pas moins que ses effets ne contrediroient en aucune façon notre Jurisprudence sur l'aliénation des biens des Mineurs.

D'abord il est constant que le Tuteur peut avec cause aliéner en Justice l'immeuble de son Mineur : que celui-ci ne peut revenir contre cette vente, *tanquam Minor, sed tanquam læsus*; que les seuls motifs de récision sont le défaut d'emploi. Si le Mineur (disent Meslé & Ferrière dans leurs traités de minorités) veut revenir sous prétexte de lésion contre une vente dont les formalités n'ont pas été observées, c'est à l'acquereur à prouver que les deniers ont tourné à son avantage; si au contraire elles l'ont été, c'est au Mineur à prouver le préjudice qu'il a essuyé. Dans tous les cas, dit la Loi, il faut savoir, *non passim minoribus subveniri, sed causâ cognita si capti esse proponantur*. Lex. 11 dig. de minoribus.

Or, dès qu'une vente de ce genre est inattaquable, lorsqu'il n'y a point de lésion, & qu'on peut prouver l'emploi des deniers du Mineur, il est constant qu'elle doit toujours être valable dans une Administration qui peut en tout tems justifier de cet emploi; & dont toutes les opérations ne cessent point d'être réglées par la Justice. Ses soins doivent remplacer, aux yeux du Juge, les avis de parents & les autres formalités auxquelles sont assujettis les Tuteurs ordinaires. Dans les uns ces entraves sontun bien, dans les autres elles seroient un inconvénient.

Après avoir prouvé la liberté que doivent avoir les bureaux de la tutele pnblique de vendre pour l'avantage de leurs Mineurs les immeubles qui leur appartiennent, il naît la seconde question de savoir, s'ils doivent le faire de la manière la plus avantageuse, comme par exemple, de provoquer, ainsi que les Majeurs, la licitation d'un bien indivis, lorsque la conservation en devient à charge.

Mais un Mineur, dira-t-on, n'a pas la faculté de former une pareille demande.

Cette objection qui paroît spécieuse, est cependant sans fondement. En effet pourquoi un Mineur ne peut-il former de demande en licitation? C'est qu'une licitation est un partage; c'est qu'un partage est une espece d'aliénation, & qu'un Mineur n'est n'est point reçu à introduire des demandes de ce genre.

Il ne faut que réfléchir, pour sentir le ridicule de cette prétention. La Loi ne seroit utile qu'aux Mineurs assez heureux pour pouvoir conserver les biens dont ils ont hérité. Et à l'égard de ceux que la nécessité force de les aliéner, pour acquitter les dettes dont ils sont grevés, elle se convertiroit en une Loi de gêne & de spoliation, puisqu'ils ne pourroient user, comme les Majeurs, de la voie de la licitation, & que forcés de ne vendre judiciairement que la portion immobiliaire qui leur appartient, ils auroient le double désavantage de supporter seuls tous les frais de cette vente partielle, & de ne pouvoir user que de la forme d'aliénation la plus défavorable à leurs intérêts.

N'est-il pas bien plus naturel de présumer que le droit d'autrui faisant disparoître les effets des précautions de la Loi, la prohibition qu'elle entraîne, doit également s'évanouir après l'anéantissement de son objet.

Si donc la demande en partage ou en licitation de la part du Mineur est proscrite, parce que c'est une aliénation; quand cette aliénation devient forcée, la Loi demeure donc absolument sans objet, & le Mineur dans tous les droits qui lui appartiendroient, si cette Loi n'existoit pas.

D'ailleurs il est des circonstances où ces demandes sont permises aux Mineurs pour des raisons moins considérables. Le Brun. L. 4 chap. 1er. n°. 25 dit que, lorsque le copropriétaire ou le co-héritier déterriore le bien commun, le mineur peut former la demande en partage & en licitation, si l'objet ne peut se partager. Dargentré, sur la coutume de Bretagne, art. 401. Gl. Ier. N°. 7., soutient qu'attendû l'avantage qui se trouve pour le co-héritier de former la demande en partage, le mineur doit également y être admis : *minores quoque ad divisionem provocantes admittimus, non minus quam provocatos.* Bourgeon, L. 5. Chap. Ier. N°. 4. dit que, cette prohibition, toutes les fois qu'elle gêne l'avantage du mineur, est abusive ; & que c'est faute d'y avoir réfléchi, qu'on laisse subsister une routine préjudiciable, plutôt qu'un usage fondé sur la raison.

D'après ces principes, les administrateurs ont quelque fois obtenu même contre le texte de la loi, la faculté de procéder pour leurs mineurs à des ventes de cette nature. Mais ils n'ont jamais joui de cet avantage, qu'après des procès très-onéreux. Une loi qui en tariroit la source, seroit un bienfait de plus pour l'humanité.

Enfin pour l'exécution des loix qui seroient

promulguées sur les différents objets dont il vient d'être parlé, il seroit nécessaire de créer, sous l'inspection immédiate des Départemens, des Bureaux permanens, afin de veiller à tous les détails qui entrent dans l'exercice de la tutèle & de la curatelle des mineurs & insensés. Ces bureaux prendroient soin de leurs intérêts, lorsqu'ils seroient placés dans les Hôpitaux, & suivroient également la conduite de tous les mineurs confiés à la bienfaisance publique, qui ne seroient pas résidens dans ces établissemens, ou qui en seroient sortis pour apprendre quelque métier.

On voit en effet, pour peu qu'on y réfléchisse, qu'il est impossible que les Départemens, ou les Corps municipaux puissent exercer personnellement les détails infinis de ces tutèles & curatelles. Ils en seroient non-seulement empêchés par la multitude d'autres affaires dont ils sont chargés, mais encore par les variations perpétuelles auxquelles ils sont exposés en raison de l'amovibilité de leurs élections. De tels changemens ne peuvent absolument se concilier avec la nature des affaires de tutèle & de curatelle, dont la gestion exige pendant la suite de beaucoup d'années, & durant le cours entier des minorités, une continuité de soins & de vigilance qui ne souffre point d'interruption; & cependant le fil pouvant s'en perdre à chaque mutation, les mineurs ou les insensés se trouveroient souvent exposés à des pertes inévitables.

Quel embarras n'en traîneroient pas d'ailleurs les comptes réitérés de tutèles & de curatelles que l'officier sortant seroit tenu de rendre à son successeur. Cet usage par exemple pourroit-il être praticable pour la Municipalité de Paris actuellement chargée de plus de dix à douze mille individus, tant en mineurs qu'en insensés ? Quelqu'en soit par la suite la reduction, il est certain que cette ville n'en aura jamais moins de six mille en raison de sa population. Ce n'est donc que par un bureau permanent & par des fondés de procuration qu'une tutèle aussi considérable peut être administrée.

On convient qu'aujourd'hui les tutèles & curatelles exercées dans les différens Hôpitaux de la capitale ne passent guere celles de quatre à cinq cens individus. Mais il ne faut point se regler sur ce nombre, pour se faire une idée des tutèles & curatelles dont ces bureaux doivent être chargés par la suite, & lorsqu'ils seront légalement formés. La nouvelle loi devant remedier à tous les defauts de l'ancienne forme, & forcer conséquemment de porter dans ces bureaux toutes les affaires qui y seront relatives, le nombre en recevra un accroissement considérable, & l'objet en deviendra de jour en jour plus important. Ensorte que les capitaux conservés aux mineurs & insensés, qui pour l'Hôpital-Général de Paris sont aujourd'hui d'environ 450000, ne tarderont pas à excéder plus d'un million.

Quant à ce qui regarde particulierement les mineurs dont la nation prendra soin, il est ici bien nécessaire d'observer qu'il faudra toujours que dans quelque endroit qu'ils soient placés, la défense de leurs intérêts se concentre dans l'endroit où ils sont nés, où leurs familles existoient, dans le bureau du Département auquel ils appartenoient dès l'origine, & qui leur a fourni les premiers secours. Il est indispensable que ce point de ralliement ne cesse pas de former le lieu de leur domicile, puisqu'il sera d'ailleurs dans tous les tems le plus favorable à la défense de leurs intérêts, & le plus proche des successions qui pourront s'ouvrir à leur profit.

Cet établissement ainsi formé, donnera encore plus de facilité au Gouvernement d'employer, ainsi qu'il le jugera à propos, les mineurs dont il sera chargé. Car dans tel canton qu'il les envoie, & quel que soit le genre d'occupation auquel il juge à propos de les destiner, il aura la certitude que leurs intérêts ne seront pas sacrifiés même par leur éloignement, & que les bureaux des Départemens chargés de les défendre, seront toujours à portée de le faire en leur absence, & d'entretenir la correſpondance de ces mineurs ; ſoit avec leurs parens, ſoit avec les bienfaiteurs qui s'intéreſſeront à leur ſort.

C'eſt ainſi qu'on reçoit actuellement dans le bureau des Enfans Trouvés les différens fonds appartenans aux mineurs placés dans les provinces, & le public eſt informé que ces fonds leur ſont remis à leur majorité, ou lorſqu'ils ſont ſur le point de former des établiſſemens.

Il faut cependant avouer que les ſommes qui leur ſont conſervées ne proviennent ordinairement que de bienfaits volontaires, ou de recouvremens qu'il a été facile de leur procurer ; car pour tous les objets qui ſont à faire rentrer dans les provinces, & pour leſquels on eſt obligé de faire paſſer des procurations ou d'envoyer des arrêts à exécuter, il eſt rare que les mineurs en recueillent entierement les avantages, par l'impoſſibilité de ſuivre leur défenſes en raiſon de l'éloignement. Il n'y auroit que les bureaux de la tutele publique qui par leurs relations pourroient offrir les moyens d'éviter ces pertes ou ces difficultés, & ſe rendre à cet égard mutuellement les mêmes ſervices.

En rappellant quelques formes obſervées dans l'hôpital des Enfans-Trouvés pour la conſervation des biens des mineurs, il eſt néceſſaire d'examiner ici ſi l'on doit confirmer ou détruire différens uſages établis dans le régime actuel de cet Hôpital.

Beaucoup de personnes ne peuvent s'empêcher de blâmer qu'on laisse ignorer à tout le monde le lieu où les enfans sont placés ; qu'on ne donne de leurs nouvelles qu'après avoir exigé une premiere fois le droit de 12 liv. 10 s. ; & qu'enfin on demande aux familles qui réclament des enfans avant leur majorité une indemnité proportionnée aux dépenses qu'ils peuvent avoir occasionnées. D'abord il est vrai de dire que cette indemnité n'est pas exigée rigoureusement suivant la dépense des enfans, mais seulement d'après les facultés reconnues de leurs pere & mere. Quand au droit de 12 liv. 10 s. qui n'est payé qu'une seule fois tant que les enfans restent sous la direction de cet Hôpital, il paroît d'autant moins onéreux qu'il ne compense pas même les frais de poste qui, dans le cours de plusieurs années, ne manqueroient pas d'être occasionnés aux pere & mere, soit pour demander des nouvelles de leurs enfans, soit pour en recevoir ; mais en un mot à l'égard de ces différens objets pécuniaires, il semble qu'une seule considération doit décider la question. Ou l'Hôpital peut se passer de ces secours, ou il ne le peut pas. On sent bien que dans l'alternative de l'une ou de l'autre de ces suppositions les conséquences ne peuvent être les mêmes, & que le principal objet doit être la conservation de l'établissement.

Quand à l'espece de dureté qui se rencontre à refuser de faire connoître aux personnes qui le desirent le lieu de la résidence des enfans, cet article délicat doit être scrupuleusement examiné avant de prendre aucun parti. Tant de circonstances différentes amenent des enfans dans l'Hôpital des Enfans-Trouvés, que cette loi n'ayant peut-être eu pour objet que la sûreté des individus, il pourroit devenir dangereux de l'abolir sans précautions. Il est en effet très-prudent dans bien des cas de ne pas enseigner à toutes sortes de personnes les lieux où existent les enfans qu'ils recherchent, & de n'en informer les parens eux-mêmes que lorsqu'ils ont véritablement intention de les retirer & de s'en charger personnellement pour en être ouvertement responsables.

Cependant les bureaux de la tutèle publique pourroient peut-être à cet égard lever bien des difficultés. Il s'agiroit de statuer que les directions particulieres des établissemens d'Enfans-trouvés les informeroient des noms & des domiciles des enfans placés dans leurs ressorts, lorsqu'ils auroient atteint l'âge de neuf à dix ans : alors ces bureaux les mettroient de toutes parts sous la sauve-garde & sous la protection des Corps Municipaux ou Administratifs, qui, par ce moyen garantiroient leur conservation & leur existence, tandis qu'ils sesoient eux-mêmes à portée de s'informer si l'on peut avec confiance remettre les enfans aux personnes qui les désirent & qui ont les titres nécessaires pour obtenir qu'ils leur soient rendus.

Les bureaux de la tutèle publique seroient encore d'une grande ressource pour la défense personnelle des mineurs & dans un point bien important ; il s'agit des jeunes filles qui sont placées, soit dans les villes, soit dans les campagnes, pour y servir en qualité de domestiques, filles de fermes ou autrement ; très-souvent elles se trouvent exposées à la séduction, & elles en deviennent d'autant plus facilement les victimes, que leurs dangers ne sont point prévenus par la sollicitude de leurs parens : la distance où elles sont des administrations d'Hôpitaux dont elles dépendent, les met dans l'impossibilité d'en reclamer les secours & c'est envain qu'elles songeroient, faute d'autre retraite, à se dérober aux périls qui les menaçent.

Des différens procès commencés pour cause de grossesse, il n'y en a pas un sur vingt qui soit suivi jusqu'au jugement définitif, ou qui se termine à l'avantage de l'infortunée qu'on a séduite. Bientôt deshonnorée, fugitive, elle est obligée de quitter le lieu où sa faute a été publiée. C'est ainsi que souvent bien des années de peine & de travail sont perdues pour elles, & son malheur devient d'autant plus irréparable, que souvent le libertinage est devenu son unique ressource.

Si ces jeunes filles étoient protégées par les Départemens dans les ressorts desquels elles se trouvent, si elles pouvoient implorer l'appui des bureaux de la tutèle publique, leur vertu en seroit sans doute plus respectée : on craindroit qu'en abusant de leur foiblesse elles ne trouvassent des défenseurs puissans qui, plus rapprochés d'elles, seroient aussi plus à portée de s'instruire précisement des faits & d'obtenir les réparations convenables. En un mot, dans toutes les circonstances où les mineurs confiés à la tutèle publique sont exposés à quelques risques en raison de leur première infortune, c'est à la loi à les environner de son secours & à suppléer autant qu'il est en elle à tout ce qu'ils ont perdu ; enfin elle le doit d'autant plus, que par les moyens proposés rien ne seroit plus simple & plus assuré que d'y parvenir

Les Directoires pourroient ainsi faire participer la tutele publique aux avantages de plusieurs privileges qui lui ont été spécialement attribués par la nouvelle législation, comme autrefois l'administration de l'Hôpital-Général avoit fait jouir ses mineurs des privileges qui lui avoient été accordés par son édit d'établissement. Tels étoient les droits de plaider en la grande chambre du Parlement de Paris, tant en demandant qu'en défendant, & d'y évoquer toutes les causes concernant la tutèle & curatelle qu'elle exerçoit; d'exiger que toutes les significations relatives aux mineurs & aux insensés fussent faites à son propre domicile & sous les mêmes peines de nullité que pour ses affaires directes; enfin de faire jouir les mineurs des exemptions de tous les droits de justice & de greffe qui lui étoient également attribués.

Sur tous ces points, il seroit nécessaire que la nouvelle loi de la tutèle publique prononçât en faveur des mineurs & insensés, la même exemption des droits de justice & de greffe, que celle mentionnée en l'article 67 de l'édit d'établissement de l'Hôpital-Général du mois d'Avril 1656.

Qu'elle statuât qu'à peine de nullité les significations qui leur seront relatives ne pourront être faites qu'aux bureaux de la tutelle & de la curatelle publique dont ils dépendront, & qui ne cesseront pas de former le lieu de leur domicile.

Qu'elle attribuât aux Départemens, tant pour les soins civils que pour ceux de correction des mineurs, tous les droits attachés au tribunal de famille.

Q'enfin elle déterminât que la loi qui accorde aux Départemens de paroître directement aux tribunaux de Districts dans les affaires qui le concernent sans passer par les tribunaux de Paix, s'appliquera de même à la tutèle & à la curatelle publique, qui, d'après des arrêtés des Départemens, ne pourra se voir traduite que dans les tribunaux de Districts, sans que les bureaux qui la défendent soient tenus alors de paroître à cet effet dans aucun tribunal ni bureau de Paix.

Tel sera donc le plan de travail de ces bureaux. Ils assisteront, en vertu des procurations qui leur seront données, aux inventaires & levées des scellés, dans lesquels les mineurs ou insensés pourront être intéressés. Ils se chargeront des papiers & des deniers comptans. Ils suivront les recouvremens, satisferont aux dettes, & procéderont aux partages & liquidations des successions. Ils seront chargés de faire emploi des deniers, de défendre les intérêts des mineurs & insensés dans les affaires contentieuses, de paroître dans les tribunaux, tant en demandant qu'en défendant.

D'après l'avis des directoires de Département, ils accorderont aux mineurs & insensés les sommes dont ils pourront avoir besoin. Ils paieront les pensions des personnes en démence placées dans les Hôpitaux, lorsqu'elles en auront les moyens, & s'entendront avec les administrations de ces établiſſemens pour procurer la guériſon de ces ſortes de malades ; ou pour leur fournir tous les ſecours capables d'adoucir leur ſort ; enfin ils rendront dans tous les tems les comptes de tutèles & de curatelles qui leur ſeront demandés, tant par les directoires de Départemens, que par les autres parties intéreſſées.

Ces bureaux auront également la ſurveillance des enfans ſortis des Hôpitaux, ou qui ſeront placés ſous les auſpices de la bienfaiſance publique. Ils feront rapport au Département du nombre de ces ſujets, de leur capacité, & de leur conduite. Ils propoſeront les moyens de les occuper, & correſpondront à cet effet avec les autres Départemens ou bureaux d'arondiſſement pour tout ce qui aura rapport aux intérêts & à l'exiſtence des mineurs qui ſeront ſous leur direction.

Il eſt néceſſaire d'obſerver ici qu'il eſt indiſpenſable que chaque bureau d'arondiſſement ait ſon Notaire particulier, qui dans toutes les affaires de tutèle & de curatelle publique, conſerve la minute des actes excluſivement à tous autres notaires. Car rien n'eſt plus important que de trouver dans la même étude la ſuite non interrompue de toutes les opérations des Bureaux, & d'y pouvoir lever dans tous les temps les expéditions des actes, dont à chaque inſtant le beſoin ſe renouvellera. Ce n'eſt point ici un privilege particulier qu'on ſollicite, c'eſt une condition eſſentielle aux bienfaits de la tutèle publique, & qui ne ſera pas moins avantageuſe à ces établiſſemens, qu'au public. Car les rapports de la ſociété avec ces Bureaux ſeront ſi nombreux, qu'il eſt de l'intérêt général que toutes les opérations en ſoient rapportées à un centre unique, où il ſera bien plus facile de les retrouver.

Après avoir démontré la néceſſité de l'établiſſement de ces Bureaux & de leur permanence, il s'agit d'examiner quels ſont les moyens les plus faciles de les former & de les gouverner.

Comme il eſt impoſſible de répartir la tutèle publique entre les Municipalités, attendu leur multiplicité, l'inégalité de leur population, & d'ailleurs en raiſon des inconvéniens qui en réſulteroient dans les grandes villes à cauſe du grand nombre de mineurs que contiennent les Hôpitaux, il faut néceſſairement en conclure que le régime des Bureaux projettés doit être uniforme, & qu'à cet effet il eſt néceſſaire de les établir par arondiſſement dans l'étendue de chaque Département. Le reſſort de chaque arondiſſement ſera déterminé par le directoire dont il ſe trouvera dépendre, ce qui en ſimplifiera bien plus les opérations. A l'égard du choix des défenſeurs des mineurs, il ſe feroit alors, par MM. les Adminiſtrateurs compoſant le directoire, qui doneroient en conſéquence leurs procurations aux différentes perſonnes dont l'intelligence & la probité leur ſeroient connues. Ces fondés de pouvoirs ſeroient ſous la protection ſpéciale des Municipalités & Tribunaux auprès deſquels ils ſeroient placés; & cependant ils ne dépendroient que des Départemens afin de n'avoir qu'un centre de réunion de tous ces divers intérêts. C'eſt pourquoi dans toutes les affaires où ils auroient beſoin de conſulter le Directoire, ils correſpondroient avec le bureau principal de la tutèle & de la curatelle publique qui ne manqueroit jamais d'avoir ſa réſidence auprès des Corps administratifs; & de prendre leurs déciſions dans toutes les circonſtances où elles ſeroient néceſſaires.

Chaque Département auroit donc par ce moyen l'état de tous les mineurs & inſenſés que ſon reſſort comprendroit. Il pourroit déterminer en conſéquence les vues générales de les ſécourir, de les occuper & de les défendre. Ces deux claſſes d'infortunés ſont en effet ſpécialement ſous la ſauvegarde publique, & l'on doit encore remarquer ici que cet article forme une partie eſſentielle des ſecours à donner aux pauvres de chaque canton, ſecours dont la répartition intéreſſe directement les

Départemens. Il ne faut pas d'ailleurs perdre de vue que les droits des Municipalités pour l'administration des Hôpitaux n'en seront point altérés, puisqu'il sera de l'essence même de la tutèle & de la curatelle publique d'être séparées de ces établissemens, & de n'avoir avec eux d'autres relations que celles de faire jouir les mineurs & insensés qui y seront placés, des avantages qui leur appartiendront en procurant leur soulagement & l'économie de la chose publique.

Il est encore nécessaire que ces bureaux soient directement sous l'inspection des Départemens, parcequ'il est indispensable qu'ils soient tenus de rendre leurs comptes à la première réquisition, soit de leurs commettans, soit des autres parties intéressées. Il n'est pas moins essentiel qu'en cas de reproches graves contre les employés chargés de l'exercice de la tutèle publique, leurs pouvoirs soient révocables à la volonté des Directoires, au lieu que si la loi en chargeoit directement des Officiers Municipaux qui en rempliroient les fonctions d'autorité, il pourroit en résulter beaucoup d'obstacles au bien général qu'on s'en proposeroit; car, parmi le grand nombre des Municipalités dont le royaume est composé, & sans parler de la confusion de tant de pouvoirs, n'y auroit-il pas lieu à quelques inconvéniens? Seroit-on

Seroit-on toujours sûr d'obtenir à volonté des comptes de tutele & de curatelle, & de trouver dans tous les Officiers Municipaux les qualités nécessaires pour gérer des affaires de cette nature ?

En établissant au contraire par Département deux ou trois bureaux permanens, qui seroient sous la dépendance des Directoires, toutes les Municipalités qui se trouveroient y avoir des rapports, en seroient encore les surveillantes naturelles. Ainsi l'autorité qui dans l'hipothèse contraire pouvoit peut-être nuire aux intérêts des Mineurs, en devient par ce moyen un nouvel appui. Enfin il existe encore un autre avantage réel attaché à ce régime, c'est que ces bureaux correspondant avec les Départemens, & les Départemens pouvant communiquer entr'eux, rien ne sera plus facile que de connoître dans toute l'étendue de la France ce que sont devenus les Mineurs, d'en donner des nouvelles à leurs parens, & de leur procurer à quelque distance qu'ils soient placés, les secours qu'il sera possible de leur faire parvenir.

Les avantages de cette correspondance se feront de plus en plus sentir pour le bien public : car les Directoires pourront s'il leur survient des travaux utiles & extraordinaires, ou s'il s'établit dans leur ressort de nouvelles branches d'industrie & de commerce, se demander mutuellement des éleves de la tutele publique pour les employer ; & c'est ainsi qu'à cet égard les Départemens se serviront & se soulageront réciproquement au plus grand avantage des enfans qu'ils occuperont, & de la société dont ils diminueront les charges. Tous ces objets paroissent entierement faire partie des obligations des Corps administratifs, qui sont spécialement chargés de veiller aux entreprises d'améliorations territoriales & de protéger tous les moyens d'augmenter la richesse publique dans l'étendue des provinces. D'ailleurs ces especes d'atteliers ambulans ne formeront pas des charges perpétuelles. Ils seront limités de leur nature & leur accroissement ne suivra que la progression de l'utilité générale. Les enfans s'y formeront au travail, agrandiront leurs connoissances, exciteront même en leur faveur l'intérêt de tous les citoyens, & lorsqu'après un certain nombre d'années ils pourront y joindre les foibles sommes qui leur auront été conservées par les bureaux de la tutele publique, ils seront à portée de former des établissemens, & deviendront alors des membres vraiment utiles à l'association générale. D'un autre côté il pourra se faire que par la perfection des arrangemens projettés, les Mineurs parvenus à l'âge de travailler n'occasionneront plus dans les Départemens que des dépenses de routes & quelques salaires à donner à des hommes de confiance qui les conduiront aux lieux où on aura dessein de les employer.

Quelque soit enfin le genre de secours réservé à l'éducation de ces enfans, il ne faut jamais perdre de vue que l'exercice & l'habitude du travail doivent en être les principaux mobiles. On ne parviendra jamais que par ces moyens à maintenir dans leur ame les vertus morales & civiles qu'on se propose de leur inspirer & qui doivent constituer l'homme & le citoyen. Sans le travail, il n'est point de principes de religion ou de probité, qui ne cedent bientôt aux atteintes des vices & des passions qui naissent habituellement de l'oisiveté & de l'ignorance de toute espece d'occupation utile.

S'il existe dans la vie quelques instans de satisfaction, c'est le travail qui les prépare; il aide au riche à supporter le poids de la satiété; il est le soutien de celui qui n'a rien; & l'habitude du travail, contractée dans la jeunesse, rend ordinairement l'homme, dans l'âge mûr, bon mari, bon pere, & bon citoyen. Le plus sage des philosophes de l'antiquité étoit dans l'usage de dire que le mot de laborieux étoit synonyme avec celui de bon, & le mot oisif, avec celui de méchant. Ainsi quand le travail ne porteroit pas avec lui ses récompenses, il faudroit encore le rechercher comme le plus sûr moyen d'écarter les vices, & la Société n'a pas de plus grand intérêt politique, que de se procurer des hommes accoutumés au travail : tous les autres pourroient être regardés comme ses ennemis.

Ces considérations sont faites pour intéresser les Législateurs ; car il ne suffit pas de faire des loix pour le bonheur des hommes, il faut aussi former des hommes capables d'obéir aux loix & dignes d'en maintenir l'exécution.

Il ne reste plus qu'un point important à régler pour la formation de ces établissemens. C'est de déterminer les fonds nécessaires à l'entretien des bureaux, & au paiement des commis qui y seront employés : Cet objet doit être en lui-même peu considérable au moyen de ce que les bureaux, formés par arrondissement, n'excéderont guères le nombre de deux à trois par Département. Ils pourront même être réunis en plus grande partie aux bureaux d'enregistremens, ou autres que les Départemens jugeront à propos de choisir : mais il faut observer qu'il est nécessaire qu'il soit d'abord levé un tribut sur la chose même. Ce droit qui seroit perçu sur les rentrées qu'on procureroit aux Mineurs & Insensés, seroit fixé d'une maniere très-modérée, & formeroit le plus puissant véhicule pour exciter les préposés des Départemens à prendre leurs intérêts : car les affaires qui les concernent, sont quelquefois si compliquées, si pénibles ou si désagréables à défendre, qu'il est prudent de maintenir la vigilance par un stimulant de cette nature. La foible réduction qu'en éprouveroient les fonds des Mineurs & des insensés, n'est pas comparable aux avantages qui ne manqueroient pas d'en résulter en leur faveur.

Cependant ces attributions que les Départemens regleroient sur ces principes, ne seroient pas suffisantes, & comme l'exécution de ce projet intéresse la Nation en général, il faudroit aussi pour le soutenir de ces secours généraux qui n'augmentassent pas les charges particulieres des Départemens. On pourroit en conséquence, dans chacun d'eux, posséder quelques portions de rentes foncieres, qui prises sur la vente des biens nationaux, seroient destinées à soutenir ces établissemens. Si cependant par des motifs que nous ne pouvons pénétrer, l'Assemblée Nationale croyoit devoir se refuser à cet arrangement, ce ne seroit point une raison pour les Départemens de renoncer aux établissemens qui viennent d'être proposés. Il y a même tout lieu de croire, que l'auguste Sénat de la France ne se portera pas à rejetter la formation de la tutele & de la curatelle publique, par de légeres considérations de la plus foible économie. Un pere ne met pas l'état & l'éducation de ses enfants au nombre des objets sur lesquels il établit ses spéculations d'épargne : c'est au contraire à cette destination sacrée, qu'il fait volontiers les sacrifices les plus coûteux & les moins regrettés : mais bien loin que les dépenses nécessitées par l'établissement dont il s'agit, puissent être jamais onéreuses, elles produiront au contraire d'amples dédommagemens à la patrie, dans le bien qu'elles procureront.

Il s'agit de créer des loix indispensables pour assurer l'état des personnes dans une classe d'individus, qui pour être peu fortunée, n'en a pas moins de titres à la jouissance de tous les droits des citoyens ; de réformer une Jurisprudence aussi incertaine que ruineuse aux intérêts des Mineurs & des insensés qui sont spécialement sous la protection de la justice ; de défendre le malheur contre les atteintes de l'ingratitude & de la cupidité ; de veiller dans toute l'étendue de la France, à l'existence, à la conduite & à l'instruction d'une multitude d'enfans abandonnés ; enfin de former des hommes utiles & vertueux capables par leur travail de servir la Société, & de contribuer au bien général.

Ces différentes parties de la tutele & de la curatelle publique sont comprises dans le cercle immense des travaux que s'est proposée l'Assemblée Nationale. Si ayant égard à l'intention, plutôt qu'au mérite de cet ouvrage, elle daigne l'accueillir favorablement, combien le zèle & les lumieres de ses différens comités de législation civile, de mendicité & d'éducation publique n'ajouteront-ils pas aux vues qui y sont présentées !

On pensera peut-être que le moment où s'agitent d'aussi grands intérêts politiques, n'est pas le plus favorable à la publication de ce projet : mais l'Assemblée Nationale a toujours paru pénétrée du principe que le bien ne devoit jamais se différer ; & jusqu'ici rien n'a pu la détourner de la formation des loix dont elle a dû s'occuper, toutes les fois qu'elle les a regardées comme nécessaires au bonheur de l'humanité.

CONCLUSION.

Ces réflexions se résument donc à proposer au Corps législatif de vouloir bien déclarer.

Qu'il prend sous sa protection spéciale les mineurs, les orphelins & les insensés qui sont confiés à la bienfaisance de la Nation & qu'il crée pour leur défense la tutele & la curatelle publique.

Que les Départemens, auxquels appartient l'administration des hôpitaux, seront les tuteurs nés des enfans mineurs qui y seront placés, ou qui seront secourus de quelque manière que ce soit avec les fonds publics, & qu'à cette tutele sera attachée la faculté de faire tous les actes qui y seront relatifs, sans que les Administrateurs des Départemens qui l'exerceront, ou la feront exercer en leur nom, aient besoin d'aucune nomination ou autre formalité préalable.

Que les délibérations ou arrêtés pris dans les bureaux des Directoires remplaceront les avis de parens dans tous les cas où ils étoient nécessaires, soit pour le remploi des fonds des mineurs, soit pour toutes les opérations où cette formalité étoit exigée.

Que les mineurs & orphelins resteront jusqu'à leur majorité, sous la tutele des Départemens, sans pouvoir obtenir des lettres d'émancipation, & qu'ils se contenteront de ce que les Directoires croiront nécessaire de leur donner sur leurs revenus, & pour les secourir dans leurs besoins, lorsqu'ils seront placés au dehors desdits hôpitaux.

Que les Administrateurs des Directoires donneront leurs consentemens aux mariages qui seront contractés par des mineurs, concurremment avec leur père & mère, s'ils sont connus; qu'autrement le consentement seul des Administrateurs validera les mariages qui seront ainsi contractés, en faisant mention dans l'acte que le domicile des père & mère est inconnu.

Que les Départemens seront pareillement les curateurs nés des insensés, gens en démence, ou foibles d'esprit qui seront placés sous leurs auspices, ou reçus dans les hôpitaux de leur dépendance.

Qu'en conséquence ils pourront également exercer tous les droits attachés à cette curatelle & placer, en viager, les fonds qui appartiendront ou pourront revenir auxdits insenés, gens en démence ou foibles d'esprit, jusqu'à ce qu'ils leur aient procuré, si le cas y écheoit, une rente de 200 l. pour subvenir à leur nourriture & entretien; passé lequel taux, les Administrateurs conserveront intégralement les fonds, rentes & autres biens qui pourront leur revenir, pour les leur rendre en cas de guérison, ou après leur décés, à ceux de leur parens qui auront droit à leur succession, observant cependant de les faire jouir autant que faire se pourra de tous les revenus qui se trouveront leur appartenir.

Qu'aucuns insensés, gens en démence ou foibles d'esprit ne pourront à ce titre, être admis dans les hôpitaux ou autres hospices que sur l'ordonnance du Juge civil, qui attestera qu'après avoir examiné & interrogé le malade, il l'estime effectivement aliéné d'esprit, hors d'état de gérer ses affaires & de rentrer dans la société, en statuant en outre qu'expéditions de cette ordonnance seront envoyées, tant aux Commissaires des hôpitaux dans lesquels la détention de la personne malade, sera déterminée, qu'au bureau du Département qui sera chargé de l'exercice de la tutele & de la curatelle publique.

Que tous Juges de paix, Avoués, Notaires, & généralement tous Officiers & Fonctionnaires publics, lorsqu'ils seront informés de quelques profits de successions, ou autres avantages échus à des Mineurs ou Insensés, dépendans de la tutele & de la curatelle publique, seront tenus d'en donner avis au Procureur-général syndic du Département dont ils pourront dépendre.

Que la tutele ou curatelle publique fera cesser toutes autres tuteles ou curatelles précédemment existantes, ou qui auroient pu être déférés à son préjudice. Qu'en conséquence toutes les affaires des Mineurs ou Insensés qui en dépendront, seront traitées par les Départemens ou leurs représentans pour cette partie, à peine de nullité des opérations, & de perte des frais & déboursés pour les Notaires & autres officiers & fonctionnaires publics qui auroient été chargés des actes ou procédures relatives.

Que le seul cas ou ces officiers ou fonctionnaires publics ne seroient point tenus de supporter ces pertes, seroit celui ou ils auroient constatés par leurs actes, qu'ils ont interpellé les parties de leur déclarer si elles ne représentoient pas, comme tuteurs ou curateurs, des personnes placées sous la sauve garde de la tutele ou de la curatelle publique.

Que les Mineurs ou Insensés qui, après avoir été abandonnés aux secours publics, se trouveront à portée de s'en passer, parce qu'ils auront recueilli des successions, ou d'autres avantages, continueront cependant à rester sous la tutele & sous la curatelle publique, qui prendra soin, comme auparavant, de leur sort & de leurs intérêts.

Que le domicile de chaque Département sera celui de tous les Mineurs ou Insensés qui pourront en dépendre, & qu'en conséquence, toutes les significations ou assignations qui seront relatives à leurs affaires ou à leurs intérêts, ne pourront être données ailleurs qu'au domicile desdits Départemens.

Que les différents arrêtés qui seront pris par les Départemens sur les contestations ou affaires qui pourront survenir aux Mineurs & Insensés, équivaudront à des décisions ou à des avis des Tribunaux ou bureaux de Paix ; & qu'alors, à défaut d'acceptation par les parties adverses des moyens de conciliation que ces arrêtés présenteront, ils n'auront que la voie de l'arbitrage ou celle de se pourvoir devant les Tribunaux d'arrondissement qui devront en connoître.

Que les Mineurs & Insensés jouiront dans tous les Tribunaux de l'exemption des droits de greffe & de tous autres droits de justice, ne pouvant être tenus que d'y payer les simples déboursés.

Que lorsqu'il écheoira quelque succession mobiliaire auxdits Mineurs ou Insensés, le Juge de paix du canton dans lequel s'ouvrira la succession, nommera un de ses Assesseurs, s'il ne peut s'y trouver lui-même, pour assister au procès-verbal de description sommaire qui sera faite par un officier public des meubles, effets & papiers de ladite succession, en présence & sur la réquisition du représentant de la tutele ou de la curatelle publique, & des autres parties intéressées, le tout sans autres frais que ceux des vacations de cet officier public.

Qu'ensuite de cette opération la vente desdits

meubles & effets sera faite sur la minute de ce même procès-verbal, en marge duquel on apostillera les objets vendus, en observant que chaque article soit paraphé par les mêmes personnes présentes à la rédaction de l'inventaire.

Que lorsqu'il aura été procédé, ainsi qu'il vient d'être dit, aux inventaires & ventes dans lesquels la tutele & la curatelle publique, pourront se trouver intéressées, les titres, papiers, deniers comptants & généralement tous les objets en dépendant, seront remis au représentant de la tutele ou de la curatelle publique, qui le reconnoîtra & s'en chargera, nonobstant toutes oppositions, lesquelles tiendront toutefois entre ses mains, pour être ensuite procédé à sa diligence & sans frais, au paiement de toutes les dettes légitimes dont les successions seront chargées, ainsi qu'au partage & à la liquidation desdites successions, entre les héritiers & autres personnes qui se trouveront y avoir des droits légitimes.

Que les loix prohibitives de l'aliénation des biens des Mineurs demeureront sans effet à l'égard des Mineurs ou insensés administrés par la tutèle ou par la curatelle publique; & qu'en conséquence les immeubles qui se trouveront leur appartenir pourront être vendus par les Directoires de Département, après estimation, affiches & publications préalables, si toutefois la conservation en étoit trop à charge, soit par les réparations qu'ils occasionneroient, soit par les dettes dont ils pourroient être grevés.

Que les Directoires pourront au nom des Mineurs & Insensés dont ils seront chargés, provoquer, comme les Majeurs, tous partages de successions, & toutes licitations de biens immeubles dans lesquels les Mineurs ou Insensés pourront être intéressés.

Que dans tous les cas de vente d'immeubles dont le prix total ou partie d'icelui reviendroit auxdits Mineurs ou Insensés, les Bureaux de Départemens en toucheront le remboursement : sauf l'emploi qu'ils feront des fonds, d'après les arrêtés des Directoires, & dans la forme dont il a été plus haut fait mention.

Qu'afin d'éviter à frais, les Directoires seront autorisés à requérir entre leurs mains, nonobstant toutes oppositions, les dépôts non effectués de toutes les sommes dans lesquelles les Mineurs ou Insensés pourroient avoir des droits, & qu'ils les conserveront sans frais jusqu'au moment où la contribution & le partage en seront faits ou ordonnés avec les parties intéressées au prorata de leurs titres de créances.

Que les Départemens rendront les comptes des

mineurs lorſqu'ils auront atteint leur majorité, & ceux des Inſenſés s'ils reviennent à recipiſcence, ou en cas de décès à leurs héritiers.; mais qu'ils ne pourront, à cet égard, être tenus d'aucune autre reſponſabilité que de celle des ſommes qu'ils pourront avoir touchées.

Que dans tous les Hôpitaux ou maiſons de Charité du royaume le droit de ſuccéder en tout ou en partie aux Mineurs qui y décéderont, ſera aboli, à quelque titre qu'il puiſſe ſubſiſter ou avoir été établi.

Que les Mineurs qui dépendront de la tutele publique ſeront ſous la ſurveillance & ſous l'autorité des Départemens, qui pourront les employer à tel genre d'induſtrie ou de travail qu'ils jugeront convenable; & que pour parvenir plus ſûrement à former leur éducation, les Directoires auront la faculté d'uſer, s'il en eſt beſoin, contre eux, des voies de correction autoriſées par les articles 16 & 17 du Décret du 16 Août 1790, portant établiſſement du Tribunal de famille.

Que les arrêtés pris par les Directoires ſur cet article de diſcipline, ſeront portés aux juges des Tribunaux qui ſtatueront, ſuivant l'eſprit du Décret, ſur l'exécution des peines invoquées contre les enfans dont les fautes & la conduite auront appelé cette ſévérité.

Que les Départemens formeront par arrondissement les bureaux qu'ils croiront nécessaires à l'exercice de la tutèle & de la curatelle publique, & qu'ils pourront, à cet effet, consier leur procuration aux personnes qu'ils choisiront pour les composer, en attribuant à ces préposés les traitemens qu'ils aviseront, soit en leur accordant des remises sur les recouvremens & sur les revenus qu'ils pourront procurer aux Mineurs & Insensés, soit en y suppléant par d'autres fixations.

Tels sont les moyens que l'expérience m'a fait reconnoître comme les seuls capables de protéger & de défendre utilement les Mineurs, les Orphelins & les Insensés confiés à la bienfaisance publique. Ces infortunés sont réellement aujourd'hui dans un état de malheur & d'oppression, qu'il est de la prudence & de l'humanité de faire cesser. Le système que je présente pour y parvenir paroîtra peut-être susceptible au premier coup d'œil, de quelques difficultés, en ce qu'il offre plusieurs dérogations à des formes établies : mais le bien général n'est-il pas la véritable base de toutes les conventions sociales ? Et d'anciens usages, dont les abus & les dangers sont reconnus, ne doivent-ils pas céder à des principes faits pour rendre les hommes, & meilleurs, & plus heureux ? L'ensemble de ces observations m'a paru tendre, principalement à cet objet, & j'ai pensé que s'il existoit un moment favorable pour les présenter, c'étoit celui où l'Assemblée Nationale venoit de décreter qu'elle alloit incessamment s'occuper du sort des pauvres, en réparant par de nouveaux secours, les pertes immenses qu'ils ont essuyés dans toute l'étendue de la France : sans doute elle daignera s'occuper en même tems des reglemens nécessaires à l'amélioration de leur régime, & ces motifs m'ont déterminé à lui soumettre, en forme de pétition pour obéir à ses décrets, le projet d'établissement de la tutele & de la curatelle publique.

www.ingramcontent.com/pod-product-compliance
Ingram Content Group UK Ltd.
Pitfield, Milton Keynes, MK11 3LW, UK
UKHW020326220726
13923UKWH00003B/1404

9 782019 304263